AF232081

L'EMPEREUR NAPOLÉON

ET

L'EMPEREUR ALEXANDRE

PARIS

IMPRIMERIE DE L. TINTERLIN ET C°

Rue Neuve-des-Bons-Enfants, 3

L'EMPEREUR

NAPOLÉON

ET

L'EMPEREUR ALEXANDRE

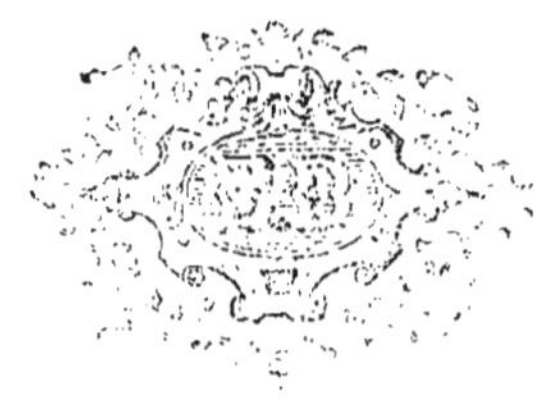

PARIS

E. DENTU, LIBRAIRE-ÉDITEUR

PALAIS-ROYAL, 17 ET 19, GALERIE D'ORLÉANS

—

1863

L'EMPEREUR NAPOLÉON

ET

L'EMPEREUR ALEXANDRE

Lorsque, dans la vie privée, on a mis tous ses soins à empêcher un désaccord et une rupture et qu'on n'y a point réussi, on en éprouve une douloureuse impression. Combien plus l'homme politique est-il attristé de l'inutilité de ses efforts, quand il a tout fait pour prévenir une crise dont dépend le sort de plusieurs États.

La paix est si nécessaire au monde, au progrès moral comme au développement des intérêts matériels, que ceux qui président aux destinées des nations ne sauraient apporter trop de sollicitude pour écarter ce qui serait de nature à compromettre un bien si précieux.

Il est à noter, et c'est une chose consolante pour l'humanité, que ce sont aujourd'hui les gouvernements les plus civilisés et les plus forts qui sont le moins prompts à recourir aux armes afin de décider les questions de justice. Ils aiment à se persuader que la raison devrait suffire à les résoudre, et ce n'est qu'à la dernière extrémité et après avoir épuisé tous les moyens de conciliation, qu'ils se résignent à tirer l'épée.

Ainsi s'explique l'excessive modération des notes des Puissances qui, en face des conséquences qu'entraîne l'insurrection polonaise, ont cru devoir faire parvenir leurs représentations à la cour de Russie.

Cette longanimité a du moins montré combien les Puissances attachent de prix au maintien de la paix ; et le système de la Russie s'est complétement dévoilé.

A une demande réitérée mais courtoise des concessions les plus modestes, la Russie a fait une réponse sèche, hautaine et ironique. Elle semble dire : « Je n'étais entrée dans la discussion que pour gagner du temps. Voici bientôt l'hiver ; je me trouve protégée par mes frimas. Durant plusieurs mois

vous ne me pourrez rien ; je n'ai plus besoin de dis-
simuler. Je romps tous pourparlers et j'entends qu'on
ne me conteste pas le droit de torturer la Pologne
à mon gré. »

La responsabilité de la guerre incomberait donc
entièrement à la Russie. Les outrages récidivés de
cette cour s'adressant aux autres Puissances non
moins qu'à la France, elles ont dû en être également blessées, et il n'y a pas lieu de craindre que
nous restions seuls à soutenir une cause juste.

I

La Pologne peut invoquer pour sa nationalité non-
seulement des droits antérieurs et supérieurs à toutes les lois humaines, mais encore le droit écrit.

La France s'est moins attachée à la question de
légalité qu'à celle de justice et d'humanité. Nous
n'aimons point à citer les traités de 1815, et nous
estimons que si, dans un temps où ils avaient toute

leur force et intégrité, ils n'ont pu couvrir et proté-
ger les peuples, ils le sauraient moins encore aujour-
d'hui qu'il n'en reste que des lambeaux.

Toutefois, en présence des interprétations erro-
nées que le cabinet de Saint-Pétersbourg donnait à
ces traités de qui, seuls, l'Empereur de Russie tire
son titre de possession sur ce qui a été appelé le
royaume de Pologne, le gouvernement de l'Empereur
a dû rétablir les faits dans leur vrai jour.

Les traités assuraient à la Pologne une administration distincte, une représentation et des institutions nationales, et lui faisaient espérer une exten-
sion intérieure, c'est-à-dire la réunion des anciennes
provinces polonaises occupées par la Russie, de ma-
nière qu'elles fussent gouvernées par les mêmes
lois; la simple lecture de l'art. Ier de l'acte du 9 juin
1815 ne laisse aucun doute à cet égard.

Or, la Russie a détruit peu à peu ce qui faisait le
caractère d'une administration distincte. Où sont
maintenant les institutions nationales et la représentation de la Pologne? La Pologne qui, selon l'expres-
sion d'Alexandre Ier, devait renaître à la vie nationale, a pu apercevoir le jour où elle ne serait qu'une

simple province russe. La Russie a créé un état de choses que l'Europe n'avait point prévu et qu'elle ne pourrait sans danger tolérer davantage.

Le prince Gortchakoff, en relevant, dans les dépêches qui lui avaient été remises, l'observation qu'il « importait peu que les engagements de 1815 émanassent de l'initiative de l'Empereur de Russie, du moment où ils avaient été contractés par lui, » semble insinuer que les souverains ne sont point liés par les stipulations des traités qu'ils auraient dictés.

Ce serait l'introduction dans le droit international du même principe que la Restauration essaya vainement de faire prévaloir, c'est-à-dire qu'une charte octroyée n'implique pas un contrat, mais ne forme qu'un ensemble de concessions que peut retirer celui qui les a accordées.

Si la France rejeta pour elle-même une pareille doctrine quant à la Charte de 1814, l'Europe ne saurait y souscrire quant aux traités de 1815.

La Russie prétend que l'essai des principes constitutionnels en Pologne a démontré qu'ils ne pouvaient ni assurer le bonheur du pays, ni asseoir une paix durable. L'Europe peut répondre que l'expérience a prouvé que l'union de la Pologne à l'empire de Russie n'atteint pas le but que les cabinets s'étaient proposé en y adhérant.

L'échange d'idées qui a eu lieu entre les cours intervenantes et la cour de Saint-Pétersbourg, a confirmé la vérité de cette opinion du gouvernement de l'Empereur : que la solution de la question polonaise ne peut être utilement cherchée dans les limites des traités de Vienne, mais dans une combinaison nouvelle.

Puisque la Russie, méconnaissant le bon vouloir des cabinets, n'a pas plus voulu, en ce qui concerne la Pologne, du retour aux traités de 1815, strictement appliqués, que l'Autriche en 1859 n'en avait voulu en ce qui concerne l'Italie, il n'y a plus à en parler. C'est la Russie elle-même qui, dans son aveuglement, a clos la discussion sur ce point : elle ne sera plus rouverte.

Il ne s'agira plus désormais de chercher les droits de la Pologne dans les protocoles de la défaite générale, mais dans les actes d'une nation qui souffre, qui lutte et qui, par conséquent, est une nation vivante.

II

Lorsque des souverains, dans leurs rapports internationaux, ne tiennent point compte des engagements qu'ils ont contractés et violent les traités qui ont été placés sous la sauvegarde des Puissances, ils rendent extrêmement difficiles les accords futurs, car la source de la confiance a été tarie.

Comment aujourd'hui faire croire aux Polonais qu'un empereur de Russie observera religieusement une parole qu'il leur aurait donnée? Comment persuader aux Puissances qu'un traité, quelque solennel qu'il soit, sera une protection suffisante, si la nation qu'il s'agit de garantir n'est pas nantie des moyens de se faire respecter elle-même?

On avait tant célébré les sentiments libéraux de l'empereur Alexandre Ier, tant exalté sa générosité, son esprit de justice et sa piété mystique, que sa marche au milieu des peuples en fut singulièrement facilitée. Il paraissait moins nécessaire de préciser ses obligations, assuré que l'on était que son cœur irait toujours au delà de ce qu'il aurait promis.

Ce sont les Polonais surtout qui furent l'objet de ce que nous pourrions appeler ses coquetteries impériales. Il tenait tant à plaire, à être aimé d'un peuple à la réparation des malheurs duquel il se disait voué ! Une nation aussi chevaleresque que la Pologne devait en être d'autant plus aisément séduite : la désillusion en fut plus amère.

Les proclamations, lettres et discours libéraux de l'empereur Alexandre Ier sont assez connus. Nous en citerons seulement quelques phrases.

Ainsi il écrivait le 1er novembre 1812 au comte Oginski :

« Après tout ce qui s'est passé, il ne peut y avoir de rapprochement et d'accommodement entre moi et Napoléon... Cette guerre ne peut finir de sitôt. Il faut que ce soit lui ou moi qui succombe... Dès que je le verrai aux abois et dans l'impossibilité de faire du mal aux Polonais, je rétablirai la Pologne. Je le ferai, parce que cela s'accorde avec ma conviction, avec les sentiments de mon cœur, et même avec les intérêts de mon Empire... Je sais que je trouverai beaucoup de difficultés et d'empêchements pour exécuter mon dessein ; mais, à moins que je ne meure, je le réaliserai. »

Au prince Adam Czartoryski, le 13 janvier 1813 :

« ...... Il faut que vous m'aidiez vous-même à faire goûter mes plans aux Russes, et que vous justifiiez la prédilection qu'on me sait porter pour les Polonais et pour tout ce qui tient à leurs idées favorites. Ayez quelque confiance en moi, dans mon caractère, dans mes principes, et mes espérances ne seront point trompées. A mesure que les résultats militaires se développeront, vous verrez à quel point les intérêts de votre patrie me sont chers, et combien je suis fidèle à mes anciennes idées ; quant aux formes, vous savez que les plus libérales sont celles que j'ai toujours préférées. »

Au général Kosciuszko, le 3 mai 1814 :

« Vos vœux les plus chers seront accomplis. Avec l'aide du Tout-Puissant, j'espère réaliser la régénération de la brave et respectable nation à laquelle vous appartenez. J'en ai pris l'engagement solennel, et de tout temps son bien-être a occupé mes pensées. Les circonstances politiques seules ont mis des entraves à l'exécution de mes desseins. Ces obstacles n'existent plus : deux années d'une lutte terrible mais glorieuse, les ont aplanis.

« Un peu de temps encore, avec une marche sage, et les Polonais recouvreront leur patrie, leur nom, et j'aurai la jouissance de les convaincre, qu'oubliant le passé, celui qu'ils croyaient leur ennemi sera celui qui réalisera leurs vœux. »

Au président du sénat Ostrowski, le 30 avril 1815 :

« ... En prenant le titre de roi de Pologne, j'ai voulu satisfaire aux vœux de la nation. Le royaume de Pologne sera uni à l'empire de Russie, par les titres de sa propre constitution, sur laquelle je désire fonder le bonheur du pays. Si le grand intérêt du repos général n'a pas permis que tous les Polonais fussent réunis sous le même sceptre, je me suis efforcé du moins d'adoucir autant que possible les rigueurs de leur séparation, et de leur obtenir partout la jouissance possible de leur nationalité. »

Et dans sa proclamation aux Polonais, à l'occasion

de la création du royaume de Pologne (25 mai 1815),
il disait :

« ... Polonais, de nouveaux liens vont vous unir à un
peuple généreux qui, par d'anciennes relations, par une
valeur digne de la vôtre, et par le nom commun de nations *slaves*, est disposé à vous admettre à une confra-
ternité qui sera chère et utile aux deux peuples. Une
constitution sage et une union inaltérable, vous atta-
cheront au sort d'une grande monarchie, trop étendue
pour avoir besoin de s'agrandir, et dont le gouvernement n'aura jamais d'autres règles de politique qu'une
justice impartiale et des idées généreuses.

« Dorénavant, votre patriotisme, éclairé par l'expérience, guidé par la reconnaissance, trouvera dans les
institutions nationales un mobile et un but capables
d'occuper toutes ses facultés.

« Une constitution appropriée aux besoins des loca-
lités et à votre caractère, l'usage de votre langue con-
servé dans les actes publics, les fonctions et les
emplois accordés aux seuls Polonais, la liberté du com-
merce et de la navigation, les facilités des communica-
tions avec les parties de l'ancienne Pologne qui restent
sous un autre pouvoir, votre armée nationale, tous les
moyens garantis pour perfectionner vos lois, la libre
circulation des lumières dans votre pays ; tels sont les
avantages dont vous jouirez sous notre domination et

sous celle de nos successeurs, et que vous transmettrez comme un héritage patriotique à vos descendants.

« Le nouvel État devient royaume de Pologne, si vivement désiré, depuis si longtemps réclamé par la nation, et acquis au prix de tant de sang et de sacrifices.»

Comment les plus magnifiques promesses ont été tenues : c'est ce que l'histoire a raconté. On est d'autant plus prodigue de paroles qu'on a moins l'intention de les tenir. L'empereur Alexandre 1er passa les dernières années de son règne à retirer une à une les concessions qu'il avait accordées précédemment, que l'on regardait comme des arrhes à l'avenir, et qui n'étaient qu'un tribut payé aux circonstances. Le sens caché de l'œuvre d'Alexandre pour les Polonais était : Votre Constitution, c'est pour l'Europe ; votre union indissoluble à l'empire de Russie, voilà votre lot.

Si la Révolution de Juillet 1830 fut en France cent fois légitime, celle de novembre 1830 en Pologne le fut mille fois.

III

L'Empereur Napoléon Ier n'aimait point à dévoiler ses projets à l'avance, moitié par le besoin de conserver le prestige de l'inconnu, moitié pour ne pas accroître les susceptibilités ou les mauvais vouloirs de ceux qu'il tenait à entraîner ou à maîtriser.

Si, durant ses vingt années de pouvoir comme général, consul et Empereur, tant de projets ont passé par sa tête, on peut dire qu'il y en a un sur lequel il n'a jamais varié, quoiqu'il ne l'ait pas réalisé, c'est celui du rétablissement de la Pologne dans son indépendance et son intégrité.

Ce projet naquit en même temps que s'éveilla en lui ce qu'il appelait la première étincelle de la grande ambition, alors que son âme, planant au-dessus de l'Italie, cherchait au travers de l'Europe de nouveaux champs d'action, de nouvelles œuvres de liberté pour les peuples et de gloire pour la France et pour lui. Redresser les torts que l'ancienne monar-

chie avait laissé commettre, que la Révolution avait
promis de venger, tel lui semblait devoir être son
destin. « Quand j'aurai fini cette guerre d'Italie, disait-il, dès septembre 1796, à son aide de camp et
ami le prince Sulkowski, je me rendrai en personne à
la tête des Français pour affranchir votre patrie. La
France ne doit pas laisser impuni ce crime de lèse-
nation. »

Il ne put y aller qu'en 1806 ; mais bien que la
campagne d'Iéna et d'Auerstadt eût commencé sans
qu'il eût été question de la Pologne, Napoléon érigea
le grand-duché de Varsovie. C'était peu de chose.
Pourtant cette première réparation excita contre lui
toutes les passions de la vieille Europe. Ce n'était
qu'un noyau de nation ; mais il y infusa l'âme des
légions polonaises qui lui avaient dû leur formation
et le premier lustre de leurs armes.

Les organes officieux de Saint-Pétersbourg ont ré-
cemment rappelé une lettre du duc de Cadore, datée
du 20 octobre 1809, c'est-à-dire six jours après le
traité de Schœnbrunn, et où il annonçait que le nom
de Pologne n'était pas plus rétabli après Wagram
qu'il ne l'avait été après Friedland.

Mais, en conscience, on ne peut rien inférer de cette dépêche, sinon qu'il y avait un temps d'arrêt forcé dans la politique impériale. Les publicistes de Saint-Pétersbourg doivent connaître la réponse de Napoléon à Kourakine :

« Je ne veux point me déshonorer en déclarant que le royaume de Pologne ne sera jamais rétabli, me rendre ridicule en parlant le langage de la divinité, flétrir ma mémoire en mettant le sceau à cet acte d'une politique machiavélique ; car c'est plus qu'avouer le partage de la Pologne de déclarer qu'elle ne sera jamais rétablie. »

Napoléon voulait relever la Pologne ; les Polonais le sentaient. C'est pourquoi ils l'ont suivi, aimé, pleuré. En dépit de la mauvaise fortune et des calomnies intéressées, sa mémoire est restée chère et bénie dans toutes les parties de l'ancienne Pologne. L'Empereur Napoléon III n'ignore point que les générations nouvelles y ont pieusement gardé le culte du grand Empereur. Et c'est ce dont seront convaincus les plus incrédules, quand ce nom qui, depuis Austerlitz, est l'effroi des Russes, roulera de nouveau comme un tonnerre de palatinats en palatinats depuis les Carpathes jusqu'au Dniéper.

Jeunes ou vieux, tout Polonais se souvient de ces paroles de feu que, sur le champ de Lutzen, Napoléon adressa aux régiments franco-polonais, victorieux des Prussiens et des Russes : « Ils se sont faits les apôtres de tous les crimes, disait-il des coalisés; c'est un incendie moral qu'ils voulaient allumer entre la Vistule et le Rhin... Les insensés! ils connaissaient peu la puissance et la bravoure des Français et des Polonais. Nous rejetterons ces Tatars dans leurs affreux climats, qu'ils ne doivent pas franchir. Qu'ils restent dans leurs déserts glacés, séjour d'esclavage, de barbarie et de corruption, où l'homme est ravalé à l'égal de la brute. Vous avez bien mérité de l'Europe civilisée ! »

IV

Le ministre des affaires étrangères de Russie a cru devoir rappeler la période de 1813 à 1815 comme l'époque, pour l'Europe, d'une délivrance dont l'honneur revient à Alexandre Ier. La France peut se borner à répondre par la phrase même de Napoléon à Sainte-Hélène : « Les vainqueurs pleureront leur victoire. »

Et c'est ce qui est arrivé, car le Waterloo de la France est devenu, durant trente ans, un Waterloo universel : chaque peuple a eu le sien.

Nous n'avons pas oublié que, lors de la première Coalition, Souwaroff avait écrit à Catherine : « Fais-moi marcher contre les Français; envoie-moi combattre cette exécrable nation, » et que le projet des alliés avait été, dit un historien, « non-seulement de démembrer la France comme la Pologne, mais de détruire ce peuple rebelle et d'en disperser les restes sur la surface de la terre. »

Il n'en est pas moins instructif d'avoir la preuve que, chez certaines Puissances, les mauvaises pensées contre la France sont restées les mêmes. Heureusement, la Providence, déjouant les desseins pervers des ennemis de la Grande Nation, l'a derechef élevée à un degré de splendeur telle, qu'elle n'a point à s'inquiéter d'impuissantes colères, mais est, au contraire, en situation de jeter utilement son épée dans la balance en faveur des autres.

Napoléon est mort en confessant le principe des Nationalités. L'Empereur, son neveu, a accepté cet héritage. Et déjà on l'a vu arrêter les Russes en **Orient et aider** les Principautés Danubiennes à **féconder par leur** union la nationalité roumaine, puis délivrer l'Italie et lui permettre de grouper les éléments d'une nationalité puissante. Il a encouragé les progrès de la nationalité serbe, et quand l'Angleterre a noblement aidé la nationalité grecque, l'Empereur, loin d'en être jaloux, s'en est réjoui.

Quant à l'Empereur Alexandre II, il applique tous ses efforts à extirper la nationalité polonaise. Des actes de cruauté inouïe sont commis tous les jours. On pend, on torture, on déporte pour crime de *patriotisme*. On confisque les propriétés, on pousse aux délations, on excite les jacqueries. On viole les églises et les tombeaux. On n'épargne ni le sexe, ni l'âge ; et M. le général Mourawieff, au lieu d'être puni de ses férocités, en reçoit récompense. Sa Majesté l'empereur Alexandre l'en a félicité et remercié, en lui envoyant l'ordre de Saint-André apôtre.

Et comme pour confondre toutes les notions de moralité, ceux que, dans l'univers entier, on admire pour leur héroïque martyre, M. le prince Gortchakoff essaie de les flétrir.

V

La Russie représente, en effet, un monde tout différent de notre Occident. Pierre le Grand a introduit son peuple en Europe, mais il né l'a point européanisé pour cela. Et c'est ce que Napoléon avait saisi avec la divination du génie, quand il prononça ce mot que depuis on a si souvent répété : Grattez le Russe, vous trouverez le Tartare.

Le partage de la Pologne a eu ce funeste effet de briser les barrières entre l'Europe et l'Asie, de faire perdre à notre continent son équilibre naturel, de nous laisser à la merci d'un coup de main de la Russie.

Déjà nous avons mis notre droite à l'abri en protégeant Constantinople, en détruisant Sébastopol et en éloignant la Russie des bouches du Danube. Il nous reste à garantir notre gauche et notre centre. Et ce résultat ne pourra être obtenu que par une campagne de Pologne.

M. le prince Gortchakoff s'est exprimé avec quelque amertume au sujet de l'intérêt que la France a témoigné au sort des anciennes provinces polonaises. Or, si dès le commencement de la lutte un auteur russe a dit avec justesse que le gouvernement avait, par la proclamation de l'état de siége, fixé lui-même les limites entre la Pologne et la Russie, on peut affirmer aujourd'hui que les excès du général Mourawieff à Vilna ont, plus éloquemment que toutes les dissertations du monde, démontré la nationalité polonaise de la Lithuanie.

Nous observerons qu'au point de vue historique la réunion du grand-duché de Lithuanie à la couronne de Pologne a formé l'unité polonaise, de la même façon que la réunion du duché de Bourgogne à la couronne de France a décidé l'unité française. Un instant les ducs de Bourgogne avaient porté leurs armes victorieuses de la Méditerranée à la mer du Nord, comme les grands-ducs de Lithuanie l'a-

vaient fait de la Baltique à la mer Noire. Le Nié-
men est le Rhône polonais. Se figure-t-on ce que
serait la France démembrée de la Bourgogne ?

Nous ajouterons qu'au point de vue stratégique,
Vilna importe avant tout à la Pologne. Vilna délivré
et réuni à Varsovie, la Pologne pourrait être aban-
donnée à elle-même ; car ainsi, et seulement ainsi,
elle serait maîtresse de ses destinées.

Le cabinet de Saint-Pétersbourg place au premier
rang de ses motifs de ne point céder, la surexcita-
tion du sentiment public en Russie. Mais ce ne serait là qu'une raison de plus pour l'Occident de
faire les plus grands sacrifices afin d'arrêter un tel
esprit, un pareil torrent dévastateur. L'Allemagne
est singulièrement menacée, tout en n'ayant peut-
être pas suffisamment conscience du danger. La
Russie a amené les choses à ce point, qu'il faut
qu'elle domine jusqu'à l'Oder ou que la Pologne soit
libre jusqu'à la Dwina.

Si le partage de la Pologne a été la principale
cause de la Révolution française, on en peut con-
clure légitimement que la période révolutionnaire ne
sera close que le jour où la Pologne sera reconstituée.

VI

La réponse de M. le prince Gortchakoff a placé les Puissances dans une situation telle que l'on ne peut déjà plus se demander si l'on interviendra, mais comment l'on interviendra.

La Russie a compté sur l'hiver et l'affaiblissement de l'insurrection pour pouvoir dire : « L'ordre est rétabli. Il n'y a plus de question polonaise. Vous craigniez que la continuation des troubles de Pologne ne devînt une cause de perturbation générale ; ces troubles ont cessé. »

L'insurrection ne semble pas devoir être encore promptement ni complétement écrasée. Et, le fût-elle, cela ne changerait point le devoir des Puissances. Supposons qu'un homme presque sans armes se débatte contre des agresseurs armés. Est-ce que, parce qu'il serait terrassé, voire même tué, ceux qui auraient réussi dans leur mauvais acte se trouveraient quittes de toute responsabilité? Assurément non. Eh bien! nous ne saurions comprendre que la justice internationale fût moins équitable que la justice ordinaire.

Du moment que les Puissances ont élevé la voix pour la Pologne, elles l'ont, pour ainsi dire, prise sous leur protection. Seulement, le langage du ministre de Russie indique nettement que, si l'on ne passe des paroles aux actes, on n'obtiendra rien en faveur de la Pologne.

Que faire donc? Selon que l'on envisage la question plus spécialement du point de vue des traités ou du point de vue de l'humanité, on peut s'appuyer sur deux précédents : celui de la Belgique et celui de la Grèce.

La Belgique avait été réunie au royaume des Pays-Bas, de la même façon que la Pologne à l'Empire de Russie, et par le même traité de Vienne. Les Belges souffraient d'être gouvernés par un peuple et une dynastie qui différaient d'eux par la religion et par la langue. C'est le cas également de la Pologne. Les Belges n'éprouvaient pas, certainement, de la part des Hollandais, les traitements que les Polonais ont eu à endurer des Russes. L'insurrection de septembre 1830 et l'intervention des Puissances accomplirent la séparation entre la Belgique et le royaume des Pays-Bas.

La Grèce n'était garantie par aucun traité. Elle était opprimée. Elle se leva. Il y eut des actes d'héroïsme tels, que toutes les âmes en furent émues. Les Russes sont aussi cruels aujourd'hui pour les Polonais que les Turcs le furent pour les Grecs. Les trois puissances : France, Angleterre, Russie, s'unirent par le traité du 6 juillet 1826 et posèrent un *ultimatum* à la Porte-Ottomane. Et la victoire de Navarin ne se fit pas attendre.

Le Cabinet de Saint-Pétersbourg avoue que les remontrances que les Puissances ont fait parvenir en 1831 à l'Empereur Nicolas, sans les appuyer d'aucune démonstration militaire, donnent à la Russie l'espoir d'en finir de même cette fois. Mais les temps sont changés. Les souvenirs de Crimée ne devraient pas déjà être oubliés.

La cause polonaise a toujours excité d'universelles sympathies, mais maintenant plus encore peut-être qu'à aucune autre époque. La Pologne est unanime dans son opposition aux Russes, et elle fait battre au dehors le cœur des hommes de tous les partis. Bénie par le Pape, elle serait au besoin soutenue par les armes de l'Italie ; elle est appuyée des vœux de l'Angleterre protestante, comme de ceux de la France catholique.

Pour la première fois on voit d'irréconciliables ennemis unis dans une seule volonté pour aider au salut de cette généreuse nation, de qui la valeur excite l'admiration et impose la reconnaissance de ses droits.

VII

Dans l'état actuel des choses, les ambassadeurs n'ont plus rien à faire à Saint-Pétersbourg. La discussion a été fermée par l'initiative de la Russie, et il serait difficile d'imaginer que des représentants de grands gouvernements puissent rester spectateurs d'actes profondément blâmables, sans espoir de les modifier.

Mais ce ne sont pas seulement les représentants des trois cours les plus spécialement engagées par leurs démarches qui doivent se retirer : tous les États tiendront sans doute à honneur d'imiter cet exemple de haute moralité.

Dans l'isolement absolu, la Russie sentirait faiblir, il faut du moins l'espérer, ces velléités de braver l'opinion universelle de l'Europe. Il y aurait dans cette unanimité de reproche muet, un grand enseignement, un dernier moyen peut-être, d'éviter la guerre par une pression efficace et salutaire.

Nous faudrait-il donc répéter ces paroles par lesquelles s'annonça la première guerre de Russie en 1854 :

« On a pu voir à la lecture des dépêches, que l'empereur de Russie a constamment poussé à la guerre. Il a été sourd aux observations de ses alliés, aux instances de ses amis. Son égoïsme hautain se refuse à tenir compte d'une autre autorité que la sienne, et il veut que son empire soit sans bornes comme son ambition.

« C'est donc le Czar, c'est lui seul qui, après avoir violé les traités, trouble violemment, sans motifs avouables, la paix du monde, interrompt les transactions commerciales, et porte atteinte à la fortune publique et à la fortune privée. L'Europe serait digne du mépris éternel de l'histoire, si elle souffrait des prétentions qui sont une insulte aujourd'hui et qui deviendraient une ruine demain.

« La France a déjà fait connaître qu'elle ne les souffrira pas ; les soldats français, dignes enfants de leurs glorieux pères, auront promptement et solidement rétabli la paix, nécessaire au travail et au bien-être des familles et des nations. »

En tous cas, la France ne saurait tolérer que tant de notes, pourparlers et démarches n'aient abouti qu'à une Retraite de Russie diplomatique.

FIN.